L'ÉVASION
DU FORT DE JOUX

Janvier 1808

PAR

L. DE LA SICOTIÈRE

Extrait de la *Revue de la Révolution*. — Janvier 1883.

NANTES
IMPRIMERIE DE VINCENT FOREST ET EMILE GRIMAUD
PLACE DU COMMERCE, 4

1883

(Tiré à 125 exemplaires.)

L'ÉVASION DU FORT DE JOUX

JANVIER 1805 *

I

L'Évasion du Fort de Joux, en février 1805, est une des plus difficiles, des plus téméraires et des plus heureuses qu'ait jamais tentées le désespoir d'une captivité sans terme. Les détails en sont restés jusqu'ici tout à fait inconnus. Les ouvrages les plus spéciaux, ceux par exemple qui renferment l'histoire des évasions célèbres ou celle de la Province, du Fort de Joux lui-même [1], n'en parlent pas. La police impériale, mise en défaut par cette évasion, n'en laissa naturellement rien transpirer dans les brochures et les journaux contemporains. La presse étrangère l'ignora, et l'*Ambigu* lui-même, l'*Ambigu* publié à Londres par Peltier, ennemi irréconciliable du premier Consul, ne la remarqua point, bien qu'elle eût fait sensation dans le monde des réfugiés. Les chroniqueurs de l'Empire, Bourienne, Savary, Mme d'Abrantès, y font à peine allusion. Quant aux historiens postérieurs, ils ne l'ont pas même soupçonnée.

Ce n'était, d'ailleurs, que par les évadés eux-mêmes que l'on pouvait connaître les détails de leur aventure. Trois d'entre eux et notamment le jeune Frotté, mort peu d'années après, ne paraissent pas avoir écrit leurs souvenirs. Mais le quatrième, Moulin dit *Michelot*, avait communiqué les siens à un ami qui en avait écrit quelque chose; et plus tard ayant lui-même rédigé à son tour ses

---

* E. Girod, *Esquisse historique de la ville de Pontarlier et du Fort de Joux...* Pontarlier, 1857, in-12; — X. Marmier, *Pontarlier* (Extrait de l'*Histoire des villes de France*;) — *Magasin pittoresque*, 1834, p. 71; — Demesmay, *Traditions populaires de Franche-Comté*, 1838; — *Voyages pittoresques dans l'Ancienne France; Franche-Comté*, p. 169; — Larousse, *Grand Dictionnaire universel du XIXe siècle*; — etc.

[1] Bernard, *Les Évasions célèbres* dans la *Bibliothèque des Merveilles*, in-12; — *Histoire générale des prisons sous le règne de Bonaparte, avec des anecdotes curieuses et intéressantes sur la Conciergerie, Vincennes... le Château de Joux... Etc.* (par Giraud); Paris, 1814, in-8°; — etc.

Mémoires, peut-être avec l'intention de les publier, il y avait retracé dans tous ses détails l'histoire de cette évasion, à laquelle il avait pris la part principale. Les deux versions nous ont été communiquées avec l'obligeance la plus parfaite[1] ; nous avons pu les contrôler et les compléter l'une par l'autre. Ajoutons, pour être complet dans cet exposé, que le marquis de Rivière qui partageait la captivité des quatre prisonniers ci-dessus, tout en occupant une chambre distincte de la leur, ne fut initié qu'aux préparatifs de leur fuite ; — il n'en est pas question dans les Mémoires publiés sur sa vie[2] ; — et que Fauche-Borel, le libraire conspirateur, chez qui ils allèrent, après leur sortie, chercher un guide et des secours, ne parle que de cette dernière circonstance, sans entrer dans aucun détail sur l'évasion elle-même, à laquelle il resta étranger.

II

Le Fort de Joux[3] s'élève dans une admirable situation, à deux cents mètres environ au-dessus de la rivière du Doubs qui coule au pied du rocher sur lequel il est assis. De hautes montagnes couvertes de noirs sapins l'environnent. Pendant la moitié de l'année, ses murs et ses toits sont couverts de neige. D'un côté, le rocher à pic ; de l'autre, de terribles escarpements de sable, tachetés par endroits de rares buissons ; la rampe d'accès elle-même est rapide et périlleuse[4].

Il offre cinq enceintes étagées les unes sur les autres et séparées par des fossés profonds, creusés dans le roc vif.

Par sa situation culminante au confluent de quatre gorges étroites, ce château eut toujours une grande importance militaire. On en fait remonter la fondation au XI° siècle. Après avoir joué un rôle considérable dans les guerres de Louis XI avec Charles le Témé-

---

[1] La première, par M. le Cte de Contades ; la seconde, par Mme Cassin, fille de Moulin.
[2] *Mémoires posthumes touchant le duc de Rivière* (par A. de Chazet), 1829, in-8°.
[3] Canton de la Cluse et Mijoux, arrondissement de Pontarlier, département du Doubs.
[4] Un poète franc-comtois, qu'il aurait pu mieux inspirer, décrit ainsi l'aspect du Fort de Joux :

> Sur une roche aride
> Qui jusques aux cieux,
> Élève en pyramide
> Son front sombre et brumeux,
> S'élancent les tourelles
> D'un gothique manoir.
> ....

raire, et de Louis XIV avec l'Allemagne et l'Espagne, il était devenu une prison d'État. Des prisonniers de guerre, notamment des Espagnols qui devaient y souffrir cruellement de la rigueur du climat, y furent aussi renfermés à diverses époques.

C'est dans « ce nid de hiboux égayé par quelques invalides », comme il l'appelait, que Mirabeau avait expié les premières folies de sa jeunesse [1].

Sous le Consulat, en 1801, le général d'Andigné (Louis-Marie-Auguste), ancien chef vendéen [2], y fut enfermé avec Suzannet. C'était un rude joûteur, et la police impériale, malgré les rigueurs et les précautions dont elle s'armait contre lui, eut souvent le dessous. Jeté quatorze fois en prison, il s'évada à diverses reprises et par les moyens les plus divers. A Joux, les deux anciens frères d'armes, aujourd'hui frères de captivité, se procurèrent, par l'entremise d'un cantinier et d'un chirurgien gagnés à leur cause, des ressorts taillés en scie, à l'aide desquels ils parvinrent à couper les deux rangs d'énormes barreaux qui fermaient le soupirail de leur cachot au dedans et au dehors. Ils employèrent vingt-deux mois à ce travail, ne détachant complètement les barreaux qu'autant qu'il était nécessaire pour le continuer et en dissimulant les traces avec de la mie de pain enduite d'une rouille factice. Le 16 août 1802, la brèche était faite, et ils se lancèrent dans le vide. Mais les cordes qu'ils avaient fabriquées et qui n'avaient que 21 mètres, étaient beaucoup trop courtes. Ils durent se laisser tomber d'une grande hauteur. Heureusement que la pente était un peu déclive. De rocher en rocher, de ressaut en ressaut, ils roulèrent ou rebondirent sur une hauteur de plus de 25 mètres, passant devant la porte du corps de garde qu'ils risquèrent d'enfoncer et ne s'arrêtant qu'où cessait la pente. Ils étaient meurtris, contusionnés, déchirés, mais, par un étrange bonheur, sans fractures ; sauvés [3] !

[1] Il n'est pas exact qu'il y eût écrit, comme on l'a dit quelquefois, ses fameuses *Lettres à Sophie*. Envoyé dans ce fort en 1775, mais jouissant d'une certaine liberté, c'est cette même année, aux fêtes données à Pontarlier à l'occasion du Sacre, que Mirabeau rencontra pour la première fois M**e** de Monnier et que se forma leur liaison. Poursuivis par leurs deux familles, ils se réfugièrent en Suisse, puis en Hollande. Le Gouvernement français obtint leur extradition et les fit enlever. Mirabeau fut enfermé au donjon de Vincennes pendant plusieurs années. C'est pendant ce temps qu'il écrivit à Sophie, grâce à la connivence, et pour ainsi dire sous les yeux du lieutenant de police Lenoir, les lettres que Manuel, procureur général de la Commune, trouva plus tard au secrétariat de la Police et qu'il publia (1792) par une indiscrétion ou par une spéculation des plus blâmables.

[2] Pitre Chevalier, *Musée des Familles*, t. XXV, p. 113, d'après les *Mémoires* du général d'Andigné ; — Archives nationales.

[3] Le général d'Andigné, né en 1765, n'est mort qu'en 1857.

Quelques mois plus tard, mourait misérablement dans ce même donjon, un autre prisonnier, illustre entre tous, Toussaint Louverture. On sait qu'attiré dans un véritable guet-apens par le général Brunet, sur la parole et l'invitation duquel il s'était rendu au Cap, il fut enlevé brutalement avec toute sa famille, transporté immédiatement en France et enfermé à Joux. Il y languit dix mois. En vain écrivit-il aux Ministres ; en vain s'adressa-t-il au Premier Consul lui-même pour demander sa liberté ou des juges : il n'obtint pas de réponse. On lui enleva un domestique fidèle, Mars-Plaisir, qui l'avait suivi. Quelques biographes prétendent qu'on voulait à force de rigueurs lui arracher le secret de l'endroit où il aurait caché ses trésors ; il ne parle pas de cette circonstance dans ses *Mémoires*. Le 27 avril 1803, le chef de bataillon Amiot, gouverneur du fort, le trouva mort, assis devant un grand feu qui ne lui rendait pas le soleil des tropiques, les mains appuyées sur ses genoux. On crut, mais sans preuves, à un empoisonnement. Aucuns ont même soutenu qu'on avait poussé la barbarie jusqu'à le faire mourir de faim. Il est probable que cet homme de soixante ans, accoutumé au climat des Antilles et à une vie singulièrement active, renfermé tout à coup et livré à la rigueur d'un hiver des Alpes, dénué de tout, séparé des siens, sans espoir de recouvrer sa liberté, rongé lui, le *Bonaparte noir* [1], comme l'a appelé Chateaubriand, par les regrets qui devaient tuer plus tard, sur le rocher de Saint-Hélène, l'autre Bonaparte, son tout puissant geôlier, avait succombé à la rigueur de ses maux, peut-être à une apoplexie séreuse (comme l'affirme le procès-verbal d'autopsie) à laquelle, d'ailleurs, ils n'auraient pas été étrangers. On l'enterra dans le cimetière de Saint-Pierre, où ses restes, quasi-royaux, sont confondus avec ceux des paysans. Pendant plusieurs années, un vieux concierge, en montrant aux voyageurs la casemate où il avait si tristement terminé sa carrière, disait : « C'est ici que mourut *le Roi Maure* [2]. »

---

[1] On n'a pas retrouvé l'original de la fameuse lettre qu'il aurait écrite à Bonaparte : « *Le premier homme des Noirs au premier homme des Blancs...* »
Lamartine avait écrit en l'honneur de Toussaint Louverture un drame où se trouvent de grandes beautés ; représenté le 6 avril 1850.

[2] *Biographie universelle* (Michaud), art. de Beauchamp ; — *Biographie* Hoëfer, art. d'Alfred La Caze ; — *Mémoires du général Toussaint Louverture...* publiés par Saint-Rémy, 1853, in-8° ; — *Toussaint Louverture...* par Gragnon Lacoste, 1877 ; — *Toussaint Louverture et J.-B. Coisnon*, (l'instituteur du fils de Toussaint), par M. Georges Le Gorgeu, Vire, 1881, in-8° ; étude curieuse et touchante ; — *Mémoires* de Bourienne, t. IV, chap. 19 ; — Etc.

III

L'année suivante (1804), le malheur des temps réunissait dans ce même Fort de Joux et — hasard propice ! — dans la même casemate, quatre hommes jeunes et vaillants, d'origine très diverse, tous les quatre proscrits de la cause royaliste et ne s'étant jusque-là que peu ou point rencontrés.

L'un d'eux, Girod, était un Irlandais, sous-lieutenant des gardes de S. M. Britannique, qui était venu en France servir sous les ordres de Bourmont et s'était fait arrêter.

Un autre, Allier de Hauteroche [1], était un ancien aide de camp de Précy si connu par la courageuse défense de Lyon contre les troupes de la Convention et par l'activité de ses menées royalistes à la fin de la Révolution. Précy lui-même avait été arrêté sur la demande du Gouvernement consulaire en 1800 et avait été détenu pendant deux ans dans une prison d'État prussienne. Il avait été, avant la Révolution, fort lié avec le général de Frotté, alors obscur sous-lieutenant dans le régiment de Colonel-Général infanterie.

Henri-Charles de Frotté, frère de père du Général et beaucoup plus jeune que lui, n'avait que 25 ans. Enrôlé de force dans la marine républicaine, un de ces hasards communs dans les guerres civiles l'avait fait tomber dans une troupe de Chouans qui lui auraient fait un mauvais parti, s'il n'eût été reconnu par son frère qui l'aimait tendrement. Le trouvant trop jeune pour le garder auprès de lui, il le renvoya à sa mère. Henri de Frotté était revenu en France en 1797, pour s'associer aux mouvements que fit avorter le 18 fructidor. Sidney Smith, ami du Général, l'emmena avec lui à Saint-Jean-d'Acre qu'ils défendirent avec succès contre Bonaparte ; la levée du siège fut le coup le plus terrible à l'expédition d'Égypte, si grandiosement conçue, si tristement avortée. Il s'honora en contribuant de tout son pouvoir à sauver les malheureux prisonniers français d'El-Arish que voulaient égorger les Turcs. Il ne put prendre part à la seconde Chouannerie (1799-1800). Après l'arrestation déloyale et le supplice lamentable de son frère (février 1800), son nom resta pendant quelque temps l'espoir

---

[1] Ne pas confondre cet Allier de Hauteroche avec Louis Allier, numismate et antiquaire distingué, qui dans ses dernières années ajouta à son nom celui de Hauteroche. Ce dernier n'avait point été poursuivi par la police impériale. En 1862, il était nommé vice-consul à Héraclée sur la mer Noire, d'où il ne revint qu'en 1805. C'était probablement un parent.

des Chouans incorrigibles qui se flattaient toujours de le voir reparaître à leur tête. La police, du moins, le crut ou fit semblant de le croire [1]. Etant revenu en France pour le règlement de certains intérêts privés, il fut arrêté. On l'envoya d'abord au Temple où sa jeunesse et les malheurs de sa famille attirèrent sur lui l'intérêt. De là, on le transféra à Joux. Après son évasion, il prit du service en Angleterre. Il mourut, payeur du régiment de Brunswick infanterie, en Portugal (1813) [2].

Michel Moulin était le dernier venu des quatre camarades de chambrée; c'était aussi le plus solide et le plus entreprenant. C'était un simple taillandier. Il était né, en 1771, à Saint-Jean-des-Bois (Orne) d'une famille très honnête, mais peu sympathique aux idées nouvelles. Au lieu de partir comme soldat en 1793, il s'était caché dans le pays et y était devenu le chef d'un petit parti de réfractaires qui guerroyaient contre les gendarmes et les gardes nationaux, mais en restant généralement sur la défensive. A l'arrivée de Frotté en Normandie, il passa sous ses ordres avec une abnégation et un dévouement complet. Frotté qui distingua bientôt ses remarquables qualités, en fit son adjudant-major, son confident et son ami. Moulin (*Michelot* de son nom de guerre) joua un rôle très actif dans cette guerre de la Chouannerie où se dépensèrent des courages, des talents et des dévouements dignes d'un plus vaste théâtre. Au mois de juin 1796, il eut le bras gauche fracturé par une balle. 80 esquilles sortirent de sa blessure. Ce détail n'est pas indifférent pour la suite de notre récit. A la Pacification (1800), il revint à son atelier. Il y gagnait tranquillement sa vie et celle de sa femme et de son enfant, quand, le 7 mai 1804, on vint l'arrêter. L'ordre était venu de Paris sur une dénonciation quelconque. Le sous-préfet de Domfront, Barbotte, n'avait pas même été consulté. Moulin a toujours affirmé qu'il n'était alors mêlé à aucun complot. On ne trouva rien de compromettant dans ses papiers. On n'instruisit pas

---

[1] Archives de l'Orne; — Archives nationales.
[2] L. DE LA SICOTIÈRE, *Frotté et l'Insurrection normande*, Mss.
Suivant Th. Muret (*Histoire des Guerres de l'Ouest*, t. V, p. 202), Bonaparte, dans un voyage à Rouen, en 1802, ayant appris qu'il y avait dans cette ville un frère du général de Frotté, lui aurait fait offrir de prendre du service dans ses troupes. Ces sortes d'offres étaient des ordres. C'est ainsi qu'Auguste de la Rochejaquelein avait été incorporé dans l'armée impériale où il montra un courage digne de son nom. Le jeune Frotté aurait refusé, et sur ce refus aurait été arrêté. Nous ne trouvons rien de ces offres menaçantes ni de cette courageuse résistance dans l'*Exposé* par Frotté père des services de sa famille, ni dans les *Mémoires* de Moulin, bien placé pour savoir la vérité.

contre lui. On ne l'interrogea même pas. On le conduisit de brigade en brigade, avec toutes sortes de brutalités et de vexations, jusqu'à Joux [1].

Nous allons voir ce qu'il y fit pendant sa détention.

Après son évasion, Moulin se réfugia en Angleterre. Il prit, en 1814 et 1815, une part active aux mouvements tentés en Normandie en faveur des Bourbons. Sous la Restauration, il fut nommé lieutenant colonel et attaché à l'état-major de la place de Paris.

Plus tard, nous le voyons fixé auprès du marquis de Moustier, son ancien compagnon d'armes et son ami, et maire de la petite commune de La Chapelle-sur-Crécy (Seine-et-Marne).

Il mourut à Caen, chez sa fille, Mme Cassin, le 30 décembre 1840. Il avait gardé jusqu'à la fin la possession de ses facultés et l'ardente vivacité de ses yeux noirs sous une forêt de cheveux blancs.

Le Fort avait alors pour commandant un nommé Lefebvre auquel ses atrocités dans la Vendée avaient valu une odieuse et passagère notoriété, qu'il eût voulu alors faire oublier [2]. Il avait quatre cents vétérans sous ses ordres.

Mis en présence du jeune Frotté, Moulin le reconnut comme ayant été enlevé par les Chouans, mais le défendit de les avoir suivis volontairement, appuyant ainsi instinctivement le système adopté par celui-ci et qu'il ne pouvait que deviner : ce système sauvegardait Frotté qui n'avait fait de soumission à aucune époque. Ils furent placés dans la même casemate, avec d'Hauteroche, Girod et un certain Desmonts qui disait avoir servi sous les ordres de Bourmont, mais qui ne leur inspirait que peu de confiance. A la promenade qu'ils faisaient de deux jours l'un, sur une plate-forme de quatre mètres carrés, encore rétrécie par les carottes et les choux qu'y plantait le Commandant, ils rencontrèrent d'autres prisonniers venus de tous les coins de la France, les Du Theil père

---

[1] De la Sicotière, *Ibid*.

[2] Ce Lefebvre (Claude-François), impliqué dans le procès de Carrier et des noyades de Nantes, pour avoir, étant commandant à Bourgneuf, ordonné de noyer quarante et une victimes, « parmi lesquelles un homme aveugle et âgé de soixante-dix-huit ans, douze femmes et dix enfants, dont six de six à dix ans et cinq à la mamelle » (Décret de la Convention du 22 vendémiaire an III), avait été acquitté, quoique le jury l'eût déclaré *coupable des faits qui lui étaient imputés*; mais il avait déclaré en même temps « qu'il avait agi sans intentions criminelles et contre-révolutionnaires », et ces intentions étaient nécessaires pour constituer la criminalité devant le Tribunal révolutionnaire. (Wallon, *Hist. du Trib. révolut. de Paris*, t. VI, p. 41 et 47 ; — L. de la Sicotière, *le Patriote d'Héron*, 1879, in-8°, p. 11, 12, 13 ; — *Moniteur universel*; — Prudhomme, *Hist. générale et impartiale des erreurs, des fautes et crimes commis pendant la Révolution*, 1796-97. — *Biographie* de Leipsick.) Rallié à l'Empire, il avait obtenu le commandement du Fort de Joux.

et fils, du Poitou; du Portal, de Ploermel; La Valette, des environs d'Argentan; de pauvres paysans bretons, ne sachant pas un mot de français; deux nègres même, coupables d'avoir commandé un régiment de nègres à Saint-Domingue pour le compte des Anglais.

Le marquis de Rivière était placé dans une casemate contiguë à la leur, mais il était au secret et ne communiquait qu'avec le Commandant, dont il apprivoisait la dureté en allant partager avec lui, à sa table de famille, le gibier, la volaille et le vin qu'on avait la permission de lui faire passer du dehors.

Les captifs sont ingénieux à tromper leurs surveillants. Nos prisonniers trouvèrent moyen d'entrer en communication avec leur voisin, en déplaçant une pierre dans le mur des deux cheminées adossées l'une à l'autre. Par l'ouverture, on pouvait causer, se voir même. Rivière leur fit passer un plan du Fort qu'il s'était procuré. Il leur versait même, au moyen d'un tuyau en carton, une partie de son vin, et le Commandant s'étonnait de la consommation extraordinaire que faisait dans sa solitude son prisonnier, si sobre quand il en était sorti. La pierre réintégrée dans son alvéole et les joints mastiqués avec un peu de suie, rien ne trahissait pour l'œil le plus défiant la supercherie.

Ils établirent aussi une correspondance avec la chambre placée au-dessous de la leur, au moyen d'un petit trou pratiqué à l'angle de leur cheminée et d'une ficelle garnie d'un plomb auquel on attachait les lettres. Cela s'appela *le télégraphe*.

Mais cela ne suffisait pas à ces malheureux, et le désir, l'espoir, les moyens de recouvrer leur liberté, devinrent l'objet de toutes leurs pensées.

On leur avait enlevé, à leur entrée au Fort, tout leur argent, leurs couteaux, leurs rasoirs. Ils n'avaient aucune intelligence, ni avec les gens de service, ni avec le dehors.

Le seul instrument à leur disposition était un petit tranchet servant à Girod pour découper les cartons avec lesquels il s'amusait à confectionner des boîtes.

Un soupirail unique éclairait leur cachot, placé fort haut, garni de gros barreaux et donnant précisément en face d'un corps de garde de vingt soldats. Impossible de songer à s'évader de ce côté. Les casemates, d'ailleurs, s'élevaient au-dessus du rocher, à la hauteur seulement d'un premier étage [1].

[1] Croirait-on que dans un ouvrage spécial (*Histoire générale des Prisons*, 1844) ces

Détail qui paraîtrait puéril si rien était indifférent dans les souffrances et les consolations des malheureux [1], Girod avait eu la permission d'introduire avec lui une jolie petite chienne qu'il aimait beaucoup. Bibi (c'était son nom) embarrassa fort nos conspirateurs. L'emporteraient-ils avec eux? La tueraient-ils ne pouvant l'emmener? La question fut mise aux voix. « Pendant la délibération, » dit Moulin, dont nous reproduisons le récit et souvent les expressions, « comme si elle eût compris qu'il s'agissait d'elle, la pauvre petite bête nous caressait encore plus qu'à l'ordinaire, et Hauteroche qui était d'abord d'avis de s'en défaire, en fut touché lui-même. Nous préparâmes un sac ou gibecière où on la renfermait, la tête seule au dehors, le corps contenu par un bouton. On l'y plaçait tous les jours et elle s'accoutuma si bien à cet exercice qu'elle sautait d'elle-même dans le sac quand on le lui présentait. »

Les prisonniers faisaient venir des livres de Besançon pour se désennuyer. Dans le nombre se trouvèrent les *Mémoires du baron de Trenck* [2]. Ces *Mémoires*, dont le succès fut si grand dans toute l'Europe, à la fin du dernier siècle, sont surtout intéressants par le récit détaillé des tentatives de Trenck pour s'évader de ses affreux cachots, tentatives qui sont des prodiges de patience, de courage et d'adresse. « En nous prouvant, dit Moulin, qu'il n'y a rien d'impossible à l'homme, ils redoublèrent notre résolution. » Ils attendirent, toutefois, le couronnement du nouvel Empereur (2 décembre 1804), dans l'espoir qu'à cette occasion, ils obtiendraient leur liberté. Il n'en fut rien. Les autres détenus sortirent en effet, quelques-uns pour retourner chez eux, d'autres pour être incorporés dans l'armée, Desmonts, dit Moulin, pour entrer ou rentrer dans la police. Le marquis de Rivière et nos quatre prisonniers restèrent seuls.

casemates ont été décrites ou plutôt défigurées de la manière suivante : « D'horribles souterrains creusés dans le roc, à quatre-vingts pieds de profondeur, reçoivent les prisonniers que ne tardent pas à dévorer ces abîmes glacés... A mesure qu'on s'y avance, on se sent saisi d'un froid mortel et les prisonniers à qui on permet l'usage du feu sont forcés de l'entretenir jusque dans l'été, sans pouvoir vaincre l'humidité qui les assiège. Une autre ouverture de trois pieds et demi de diamètre apporte à travers des murailles de sept pieds d'épaisseur, dans ces espèces de puits, un peu de jour et d'air intercepté encore par des barreaux énormes et multipliés. » (P. 140)

[1] L'infortune n'est pas difficile en amis.
DELILLE, *l'Imagination*, ch. VI.

[2] Le malheureux baron de Trenck, né à Kœnigsberg, le 10 février 1726, après avoir passé une partie de sa vie dans les cachots de la Prusse et de l'Autriche, avait été accueilli et fêté en France comme une victime du despotisme. Il n'en périt pas moins sur l'échafaud révolutionnaire, le 7 thermidor an II (25 juillet 1794), le même jour que Roucher et André Chénier, impliqué dans l'affaire absurde et odieuse de la Conspiration des prisons. (WALLON, *Hist. du Trib. révolut. de Paris*, t. V. ; — etc.)

IV

Le 10 ou le 12 janvier 1805, ils se mirent à l'œuvre. Sur un des murs de leur casemate, se dessinait la forme d'une porte bouchée avec une solide maçonnerie. Ils attaquèrent cette maçonnerie à l'aide du petit ciseau de Girod. Ils descellèrent quelques pierres. Les pincettes leur servaient de levier. Trois grosses pierres du revêtement enlevées, le reste céda plus facilement. Ils travaillèrent ainsi toute la nuit. Au jour, ils rétablirent les pierres du parement dans l'ordre qu'elles avaient occupé. Un peu de mortier dans les joints et quelques pincées de poussière par-dessus achevèrent la toilette du mur qui ne paraissait pas avoir été endommagé. Les décombres furent cachés, partie dans le trou, partie dans le fond des lits. La nuit suivante, ils achevèrent de percer le mur qui avait un mètre 15 cent. d'épaisseur. Il ne donnait pas à l'extérieur, ils le savaient à l'avance ; mais que trouveraient-ils de l'autre côté ? Ils firent une première reconnaissance à tâtons, dans la crainte que la vue au dehors d'une lumière dans une pièce où il ne devait pas y en avoir ne les trahît ; puis une seconde, en dissimulant de leur mieux leur chandelle. Ils étaient dans une casemate absolument vide et n'ayant d'autre ouverture que celle qu'ils venaient de pratiquer. Quelle joie pour eux, surtout quand l'embrasure remaçonnée d'un canon leur indiqua qu'ils étaient en face d'un mur extérieur ! Un four avait été jadis pratiqué dans un coin ; une barre de fer servait à soutenir le manteau brisé de la cheminée. Moulin la fit sauter sans trop de peine, et cette barre devint le principal instrument de leur travail. Ils s'empressèrent de transporter dans cette casemate les décombres qui les gênaient dans la leur, en n'en gardant que ce qui était nécessaire pour reboucher et dissimuler le passage.

Ils travaillèrent désormais avec plus de confiance et avec une certaine régularité. « Tous les soirs, à 9 heures, nous ouvrions *la tranchée*, c'est-à-dire que Girod et moi débouchions le passage de communication entre les deux casemates, et nous mettions à attaquer le mur extérieur. Pendant ce temps, Frotté, juché sur une chaise et le cou tendu, observait, à travers la triste grille de notre étroite fenêtre, la porte du corps du garde, pour s'assurer qu'il n'en sortait personne qui pût venir nous déranger. Hauteroche, assis sur une chaise, servait d'intermédiaire entre les deux casemates, préparait dans un plat le mortier qui devait nous servir à reboucher le trou de communication, et enfin fabriquait un bol de punch que nous prenions avant de nous coucher. » Ils mirent onze nuits à percer le mur extérieur. Il avait plus de trois mètres d'épaisseur. Ils travaillaient huit heures par nuit, faisant des prises à l'aide du petit ciseau, dégarnissant un peu les pierres et les faisant sauter avec leur barre. Girod et Moulin creusaient, alternativement, et l'autre pendant ce temps, rangeait les pierres. La onzième nuit, ils virent poindre le jour du dehors, mais ils se gardèrent d'enlever le dernier rang formant le revêtement extérieur.

Le plan leur avait révélé qu'ils allaient sortir sur la partie la plus escarpée de la montagne. Il fallait des cordes de descente. Leurs draps coupés en 8 bandes leur en donnèrent 64 qu'ils cordèrent en deux. Ils obtinrent ainsi une forte corde de 70 mètres de long, avec un gros nœud de deux en deux mètres pour servir de point d'appui. Ils l'allongèrent encore en utilisant de la même manière tout ce qu'ils avaient de chemises et de serviettes; ils ne gardèrent chacun qu'une serviette pour laisser paraître un coin de linge à leurs lits. Ils n'y laissaient pas toucher la femme de ménage, sous prétexte qu'ils voulaient se coucher sur leurs lits pendant le jour.

Tout était prêt. Ils renouvelèrent leurs instances auprès de Rivière pour le déterminer à les suivre. En moins d'une heure, avec leur barre de fer, ils auraient eu pratiqué un passage entre sa cheminée et la leur. Il refusa encore. Il avait obtenu le Fort pour prison, sur la garantie de quelques-uns de ses amis et se croyait lié par leur parole, encore que les rigueurs employées vis-à-vis de lui eussent pu le dégager. Il devait dîner le soir même avec le Commandant, et il promit à ses amis de le faire assez boire pour lui ôter la possibilité de les poursuivre lui-même, si l'on s'apercevait, sur l'heure, de leur évasion. Il leur fit à chacun un petit cadeau d'adieu : à Moulin, un couteau et une fourchette à manche d'écaille qui s'emboîtaient l'un dans l'autre; de plus, à Moulin et à Frotté, chacun un louis de 48 l. que ses visiteurs avaient pu dérober aux investigations du Commandant. Enfin, il leur fit passer une excellente poularde de Bresse, truffée, et quelques bouteilles de bon vin. Ils firent rôtir la poularde. A cinq heures, ils dînèrent gaiement, trop gaiement même, car Hauteroche, voyant déposer des pierres sur son lit, se plaignit et demanda où il allait coucher. A sept heures, ils se mirent en route, armés, en guise de poignards, Moulin d'un compas, Girod et Frotté de couteaux à gaine, Hauteroche du petit ciseau.

Achever la seconde ouverture, fixer la corde en double autour de la barre placée en guise de traverse à l'intérieur de la meurtrière, et descendre au pied du mur à 8 ou 10 mètres en contre-bas, fut l'œuvre d'un instant.

C'était le 27 janvier 1805. Il y avait deux pieds de neige sur le sol. Le froid était très vif. La corniche sur laquelle ils se trouvaient n'avait que 2 mètres de large et surplombait l'abîme. Un sapin croissait près de là dans une fente du rocher. C'était le seul point où il fût possible d'attacher la corde. Elle y fut en effet solidement fixée, et Girod descendit.

A 20 ou 25 mètres, il trouva une sorte de corniche, au-dessous de laquelle un vide sans fond. Il remonta découragé. On ne pouvait, suivant lui, fuir de ce côté. Il fallait attendre le jour et trouver un autre point de descente. — « Impossible, répondit Moulin. Dans une heure nous serons gelés, et si le jour nous trouvait ici, nous serions infailliblement repris. » Il descend alors par le chemin qu'avait suivi Girod, et au lieu de s'arrêter sur la seconde corniche, il se laisse dévaler au-dessous. A 25 mètres environ, il sent avec joie ses pieds toucher le sol, et il lui restait encore plus de 12 mètres de corde. Il dévale de rechef et trouve une nouvelle plate-forme, avec des épines où il sera possible de fixer la corde. Il la secoue fortement, signal convenu entre lui et ses compagnons pour les avertir de descendre ; mais la hauteur et les aspérités des rochers contre lesquelles elle frottait les empêchent de répondre à son appel. Il remonte alors pour aller les chercher sur la première plate-forme, leur fait part de sa bonne fortune et redescend le premier pour leur montrer le chemin. Ils avaient coupé aux trois quarts la corde enroulée autour du sapin, afin, en la tirant fortement tous les trois, de pouvoir la rompre. Mais, arrivés sur la seconde corniche, des gémissements lamentables se font entendre au-dessus de leurs têtes. C'est la petite Bibi que Girod, dans sa précipitation, a oubliée en haut et qui hurle de manière à donner l'éveil à toute la garnison. Il faut aller la chercher. Girod tente l'escalade et s'arrête au second nœud. Hauteroche et Frotté essaient après lui, et ne sont pas plus heureux. C'est Moulin, tout brisé qu'il est par ces effroyables ascensions et ces descentes successives, qui va remonter encore, prendre la pauvre bête et l'enfermer dans son sac. Ce rude forgeron, trempé au moral comme au physique, aussi adroit de la main que tenace et résolu de caractère, avait été l'âme et fut le héros de l'entreprise. De ses anciennes blessures, il semblait n'avoir gardé qu'une vigueur et une élasticité nouvelles; cœur excellent, d'ailleurs, et toujours ouvert à la pitié. « Il semblait, dit-il, que la pauvre bête sentît tout le prix de la peine qu'elle m'avait donnée. Elle allongeait sa petite tête hors du sac, elle me léchait la figure, comme pour essuyer la sueur qu'elle m'avait fait couler. » Ses compagnons sont rejoints; la corde, fortement secouée, se brise au point désiré; on la rattache aux épines et l'on recommence à descendre de corniche en corniche. On franchit ainsi deux ou trois nouvelles étapes. Enfin, l'on arrive « à une pente un peu moins raide et qui ressemblait au toit d'une maison. » Les fugitifs la descendent sur leurs jambes en faisant échelle avec leurs pieds dans la neige durcie. Un autre danger les menaçait, celui de tomber dans quelque précipice. Girod, qui marchait le premier, en éclaireur, disparaît en effet dans un trou profond, sous la neige. Mais on a eu soin d'emporter la corde de salut. On la lui jette, il s'y cramponne, il est sauvé, et bientôt, à 250 mètres au-dessous de leur point de sortie, ils touchent à la grande route. Mais à ce moment, ils entendent passer quelques personnes et sont forcés de s'arrêter.

Le bruit s'éloigne. A leur tour, ils sont sur la grande route. Ils s'embrassent tous les quatre comme des gens qui se croient en sûreté, et c'est Moulin que ses compagnons félicitent et remercient de leur délivrance.

V

Il leur restait encore bien des dangers à courir.

Une heure sonnait à l'horloge du château.

Un peu restaurés par deux tablettes de chocolat dont ils avaient eu la précaution de se munir, ils se dirigèrent sur Verrières. Il leur fallut passer devant un poste de douaniers qui, bien qu'ils n'eussent pas de paquets, voulurent les fouiller. Ils s'éloignèrent à grands pas; mais, dans l'obscurité de la nuit, ils se perdirent. Heureusement que deux traîneaux, montés chacun par trois hommes, vinrent à passer près d'eux. On leur promit de les remettre sur le chemin de Neufchâtel; on se chargea même de Frotté et d'Hauteroche qui ne pouvaient plus marcher. Le père de l'un des conducteurs téait aubergiste sur le bord de la route. Station chez lui ; bon repas ; location d'une petite charrette qui les conduira à Neufchâtel, terre suisse. Mais Neufchâtel était encore à 8 lieues, devant eux, et Joux, derrière, n'était qu'à quatre.

Ils se remirent en route, à 8 heures du matin. A ce même moment, on s'apercevait à Joux de leur fuite. Le cantinier, en allant de très bonne heure faire ses provisions, aperçut sur la neige les traces de leurs pas et un fragment de rocher qui avait roulé du haut de la montagne. Il rentra au château pour en donner avis, et Lefebvre, furieux de trouver la cage vide et les oiseaux envolés, avait lancé à leur poursuite, dans toutes les directions, ses 400 hommes.

Arrivés à Neufchâtel, vers quatre heures du soir, nos voyageurs descendirent à l'hôtel du Soleil-d'Argent. Frotté se hâta de se rendre chez Mme Fauche-Borel[1]. Il avait rencontré son mari à la Tour du Temple, s'était lié avec lui et en avait même obtenu un mot de passe qu'il tenait caché dans un bâton de cire à cacheter. Mme Fauche-Borel et son neveu Vitel se montrèrent très hospitaliers, firent chauffer de l'eau pour laver les pieds endoloris des pauvres voyageurs, les lavèrent eux-mêmes et leur donnèrent un bon souper. Malheureusement, ils n'avaient pas d'argent, et le petit trésor de Moulin et de Frotté, très entamé par l'achat d'une belle pipe que ce dernier, fort étourdi, avait fait en route et qui lui avait coûté 36 livres, et par leurs dépenses de route et d'auberge, était presque épuisé. Girod et Hauteroche qui n'avaient pas un sou, restèrent dans le pays, cachés à la campagne, jusqu'à l'arrivée des fonds qu'ils attendaient de Paris. Moulin, avec un passeport sous le nom de Samuel Guerbart, et Frotté, sous celui de Louis Vincent, deux individus qui leur ressemblaient assez et qui se prêtèrent, ainsi que le bourgmestre, à la substitution, partirent à pied pour Yverdun, le lendemain matin. Ils devaient s'y aboucher avec un nommé Christin, agent des Russes, que Bonaparte avait fait jadis arrêter, et qui ne leur en était que plus dévoué. Ce trajet les rapprochait beaucoup de la frontière française, et ils faillirent se croiser avec 200 hommes que Lefebvre, connaissant leur marche sur Neufchâtel, y avait envoyés. C'était une violation du territoire étranger, mais après celle qui avait coûté la vie au duc d'Enghien, tout était vraisemblable ! A Yverdun, où ils arrivèrent le soir, ils avaient été

[1] Fauche-Borel, *Mémoires*, t. III, p. 43 et 202.

précédés par d'autres soldats français. A l'entrée de la ville, ce fut un de ces soldats qui leur demanda leurs passeports. Les passeports étaient en règle, la nuit très sombre; il n'eut aucun soupçon. Mais à l'hôtel, un autre soldat les reconnut et s'esquiva sans rien dire. Inquiets de sa disparition, ils se firent conduire immédiatement chez Christin, par une servante de l'hôtel, à laquelle ils recommandèrent de faire préparer leur souper et leurs lits, et de revenir les chercher promptement, voulant se coucher de bonne heure. Christin reconnut le jeune Frotté. Il savait du matin l'évasion, les poursuites. Ils s'étaient, lui et son neveu, préparés à tout. On remit aux fugitifs 36 louis, du linge ; on plaça une échelle au-dessous du mur du jardin qui était en même temps celui de la ville, et on les fit descendre dans la campagne, avec un conducteur. L'échelle fut retirée ; la servante revint ; on lui dit que les deux étrangers, ennuyés de l'attendre, étaient retournés à l'hôtel, et que, sans doute, ils avaient passé par une rue, tandis qu'elle en prenait une autre. A l'hôtel, on épia inutilement leur retour ; inutilement aussi, l'on ferma les portes de la ville et l'on fit des perquisitions dans beaucoup de maisons pour essayer de les saisir. Pendant ce temps, Moulin et Frotté gagnaient une auberge située sur le bord du lac Morat, et appartenant à un cousin de Christin ; et le lendemain matin, avant la pointe du jour, deux vigoureux bateliers les embarquaient pour Morat. Il y avait désormais une petite mer entre eux et leurs ennemis, et cependant tel était l'ascendant, à ce moment, de la France sur tous les gouvernements étrangers, Suisse, Allemagne, Prusse, Danemarck, qu'un seul mot des ambassadeurs français aurait suffi pour les faire arrêter et reconduire en France ! Ils se hâtèrent donc de gagner Soleure. Visite à la cathédrale « pour remercier ardemment le bon Dieu des grâces qu'il venait de nous accorder ; la réussite de notre évasion de Joux était miraculeuse pour toutes les personnes qui connaissaient la localité du Fort et tous les obstacles que nous eûmes à surmonter. » De Soleure, ils se rendirent à Constance, Augsbourg et Ratisbonne, où un étrange hasard leur fit rencontrer, à table d'hôte, un vieux parent, non pas du jeune Frotté, mais du Général son frère, le comte de Chappedelaine, émigré, allié des Clérambault auxquels appartenait la première femme de Frotté père. Il les combla de marques d'intérêt et d'amitié. Il gardait une haine implacable aux meurtriers de son neveu.

Les difficultés qu'éprouvèrent les deux fugitifs pour se procurer

des passeports pour l'Angleterre, où ils ne purent arriver qu'à la fin de mars, sont étrangères à notre sujet [1].

VI

Parmi les successeurs de nos évadés dans les casemates de Joux, sous le régime impérial, on cite le cardinal Cavalchini, ancien gouverneur de Rome dont Napoléon n'avait pu briser la résistance; — Mme Drome, dame du palais du roi de Sardaigne;—le général Sarde Termingo;—le général Dupont [2], à qui la capitulation de Baylen ne

---

[1] La captivité et l'évasion de Moulin, du jeune Frotté et de leurs compagnons firent une vive impression en Angleterre, où les détails en furent mieux connus qu'en France. Il existe deux gravures anglaises, curieuses et très rares, destinées à en perpétuer le souvenir.

L'une représente les quatre détenus dans leur casemate voûtée en pierres massives : à gauche du spectateur, une cheminée avec une armoire, un lit ; en face, une fenêtre fermée par des barreaux et par un grillage ; à droite, un autre lit, sur lequel Moulin est assis. Ses trois compagnons occupent le milieu, près d'une table. Frotté fils, le dos tourné ; Hauteroche a les bras croisés ; Girod est de face, debout. La petite chienne Bibi n'a pas été oubliée. Elle regarde le groupe, assise sur son derrière. Au haut de l'estampe, un vers anglais, dont voici le sens : « Tirez-vous de cette ignoble chaîne, et vous pourrez dire : Je suis libre ! » Au bas, la légende suivante en anglais : Vue du Fort de Joux, dans lequel le colonel Moulin « et les capitaines de Frotté, Girod et d'Hauteroche furent renfermés pendant onze mois et « quatorze jours, au bout desquels ils effectuèrent leur sortie, en pratiquant un passage au « travers du rempart de leur cachot. Ce cachot était extrêmement sombre et profond, et re- « cevait si peu de lumière qu'ils étaient souvent obligés d'avoir de la chandelle allumée en « plein midi. Leur nourriture était apportée toutes les vingt-quatre heures. Il leur était per- « mis, par grande faveur, de se promener dans une petite cour du Fort, une ou deux fois par « semaine, surveillés par un sergent avec fusil chargé et la baïonnette au bout. »

Peintre, M. Craig ; graveur, C. Turner. Hauteur, 25 cent.; largeur, 30 cent.

La seconde gravure représente l'évasion. Le Fort apparaît sur le sommet d'un rocher escarpé divisé en trois étages par des espèces de gradins ou de corniches. Sur celui du milieu, trois petits personnages tiennent tendue l'extrémité d'une corde fixée au premier gradin, pendant qu'un quatrième personnage remonte cette sorte d'échelle. La neige couvre le paysage. Au haut de la pièce : *Audaces Fortuna juvat* ; au bas, cette légende en anglais : « Vue du Fort de Joux en Franche-Comté, sur les frontières de France et de Suisse, hors « duquel le colonel Moulin et les capitaines de Frotté, Girod et d'Hauteroche effectuèrent « leur miraculeuse évasion, le 27 janvier 1805, après une sévère captivité de onze mois et « quatorze jours. Ils résolurent d'obtenir leur liberté, et réussirent en faisant un trou dans « le mur de leur cachot qui avait trois pieds et demi d'épaisseur. Ils eurent ensuite à traver- « ser un autre rempart de neuf pieds d'épaisseur, et après dix nuits d'anxiétés et de fatigues, « ils descendirent le rocher presque perpendiculaire sur lequel le Fort est bâti, à environ « 700 pieds de hauteur, au moyen d'une corde qu'ils avaient fabriquée avec leurs draps et « leur linge. Après avoir réussi à gagner à pied Neufchâtel, ils se séparèrent et arrivèrent « à Vienne, d'où ils gagnèrent ensuite l'Angleterre où trois d'entre eux arrivèrent sains et « saufs, deux mois après leur fuite. »

Mêmes dessinateur et graveur ; mêmes dimensions. Le seul exemplaire que nous ayons vu de cette planche n'est pas colorié, tandis que l'autre l'est avec assez de soin.

[2] Le général Dupont de l'Étang, né le 11 juillet 1765 à Chabanais dans l'Angoumois, avait d'admirables états de service. « Il n'y avait pas, dans toute l'armée, un général de division classé plus haut que lui ». (Général Foy, *Histoire de la Guerre dans la Péninsule*.) La capitulation de Baylen (juillet 1808) ternit sa gloire, et en montrant à nos armées qu'elles pou-

devait mériter, ce semble, ni cette captivité rigoureuse, ni plus tard, sous la Restauration, le portefeuille de la guerre [1],—et le poète allemand Kleist [2].

VII

L'intérieur et l'extérieur du fort de Joux ont été appropriés aux exigences du génie militaire nouveau.

Les casemates ne renferment plus de prisonniers de guerre ni de prisonniers d'État.

On montre aux visiteurs quelques lambeaux d'inscriptions tracées ou gravées par les premiers sur les vieilles murailles : prose et vers, cris d'amour ou de haine, d'espoir ou de désespoir !

Des autres, si illustres qu'ils eussent été avant d'entrer dans ces cachots, si douloureux qu'y ait été leur martyre, si héroïques qu'aient été leurs efforts pour en sortir ; de nos quatre vaillants évadés en particulier, rien :... ni un nom, ni une date sur la pierre, ni un souvenir dans la légende populaire, sauf en ce qui touche le Spartacus des Nègres, devenu *le roi Maure*.

Quant à l'histoire, cette grande réparatrice, elle a, en ce qui concerne le séjour, les sentiments et les occupations de Mirabeau à Joux, brouillé les dates. — Elle a confondu le jeune Frotté avec son frère, le général des Chouans de Normandie. — Et de Moulin, du brave Moulin, la tête et le bras de l'héroïque aventure que nous venons de raconter, elle n'a même pas prononcé le nom.

---

valent être vaincues, à nos ennemis qu'ils pouvaient vaincre, nous fit un mal irréparable. Napoléon ne le lui pardonna jamais, malgré les circonstances qui atténuaient sa faute. (V. dans Thiers, *Histoire du Consulat et de l'Empire*, t. IX, l'admirable chapitre : *Baylen*.) Sur l'avis d'une commission d'enquête, dont les juges les plus impitoyables furent les membres civils, comme Talleyrand, il rendit, le 1er mars 1812, un décret portant entre autres dispositions que « Dupont serait transféré dans une prison d'État pour y être détenu jusqu'à nouvel ordre ». Dupont fut envoyé au fort de Joux et n'en sortit qu'à la Restauration. Elle annula la procédure suivie contre lui, et le fit même Ministre de la guerre. Il est mort le 9 mai 1840.

[1] Ni cet excès d'honneur ni cette indignité!

[2] Ce Kleist est le poète fameux né à Francfort sur l'Oder, en 1776. Enlevé par ordre de l'empereur Napoléon comme prisonnier de guerre, parce que, fonctionnaire public, il avait quitté Berlin au moment de l'arrivée des Français, et dirigé sur Joux, puis sur Châlons-sur-Saône, il ne recouvra la liberté qu'à la paix de Tilsitt. (6 Juillet 1807.) Il n'en jouit pas longtemps, s'étant donné la mort, le 21 novembre 1811, auprès de Mme Vogel, sa maîtresse, qui, atteinte d'un mal incurable, avait exigé de lui, comme dernière marque d'amour, qu'il la tuât. (*Biographie universelle* (Michaud), art. de Parisot.)

www.ingramcontent.com/pod-product-compliance
Lightning Source LLC
Chambersburg PA
CBHW060929050426
42453CB00010B/1923